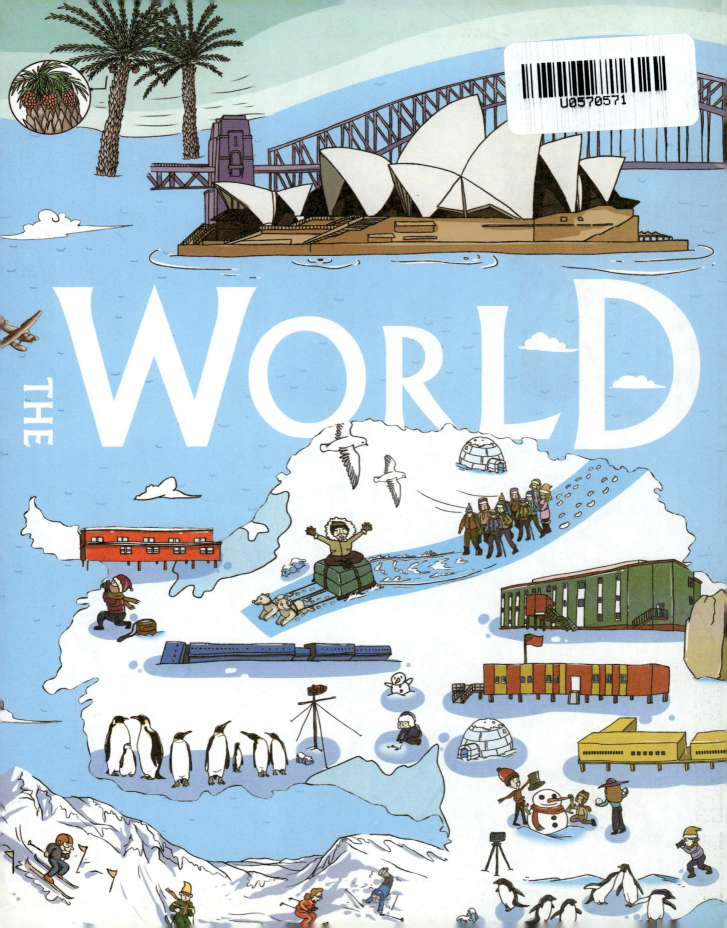

THE WORLD

TRAVEL THE
WORLD

游世界

黄宇◎编著

甘肃少年儿童出版社

图书在版编目（CIP）数据

游世界 / 黄宇编著. —— 兰州：甘肃少年儿童出版社，2018.12（2021.5重印）
　ISBN 978-7-5422-5040-7

Ⅰ.①游… Ⅱ.①黄… Ⅲ.①地理－世界－儿童读物 Ⅳ.①K91-49

中国版本图书馆 CIP 数据核字（2018）第 212078 号

游世界
YOU SHIJIE

黄宇 编著

选题策划：冷寒风
责任编辑：许译方
文图统筹：胡婷婷
插图绘制：竞仁文化
装帧设计：罗雷
美术统筹：吴金周
出版发行：甘肃少年儿童出版社
　　　　　（兰州市读者大道 568 号）

印　　刷：	北京天宇万达印刷有限公司
开　　本：	889 毫米 ×1194 毫米 1/16
印　　张：	6
字　　数：	20 千
版　　次：	2018 年 12 月第 1 版
印　　次：	2021 年 5 月第 4 次印刷
印　　数：	21 131 ～ 71 130 册
书　　号：	ISBN 978-7-5422-5040-7
定　　价：	79.90 元

前言

　　自己生活的世界究竟是什么样子的？这是每个孩子都会萌发的问题，也是我们人类最早探究的问题之一。在人类还没有文字的原始时期，地学知识可以说就已经萌芽了。因为我们的祖先为了自身的生存，不得不对自己的生存空间有最基本的了解。这种对周围生存空间的粗浅认识，可以看作是地学知识最初的萌芽。

　　我们可以想象，古人对地理学的研究是从研究身边的环境开始的，原始人最早思考的一些问题必定是和周围的自然环境相关的。人和其他动物一样，依赖地球表面的某一处作为生存活动的空间；并和其他许多动物一样，对别人的生存空间存在着天然的好奇心。我们的祖先也许会向往一望无际的草原，想知道远处的山丘后面是什么样子。祖先把观察到、了解到的世界描述、概括出来，就成了最早的世界图景。在历史的长河中，人类不断地观察、理解、描述、概括他们所发现的世界，形成新的世界图景。

　　从炎热的赤道到寒冷的两极，从苦寒的高原到富饶的海滨，从无人的沙漠到繁华的都市，地球上遍布着人类的足迹，形成了大大小小的国家和地区。了解、学习和研究世界，可以帮助我们增长见识，开阔眼界，形成多元的空间思维模式，建立多角度看问题的全球观念。

　　《游世界》这本书就是这样一本为孩子们提供世界地理知识的百科绘本。世界上有哪些国家？那里有着什么样的风景？那里的人们又是怎样生活的？学习这些地理知识的最好方式是旅行。即使不能和孩子一起去环游世界，我们也可以从《游世界》这本书中去了解奇妙的世界地理。孩子们天生就是思维的冒险家。透过书本、借助图画，他们就可以独自环球漫游。希望每一个孩子都能从这里启程，运用自己的想象力去认识不同的国度，探索多彩的世界！

黄宇

北冰洋

大

西洋

印度洋

大西洋

太平洋

目录

※书中人口、面积皆为国家总人口与国土面积。

※中国人口数据来源：《中国统计年鉴.2017》（截至
2016年年末）。

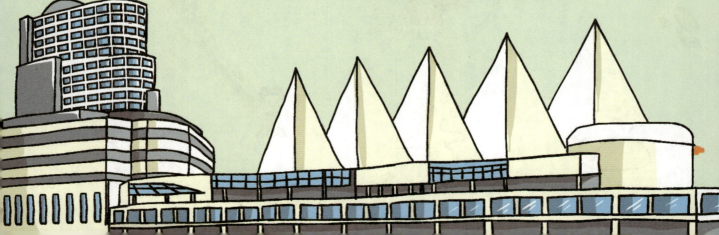

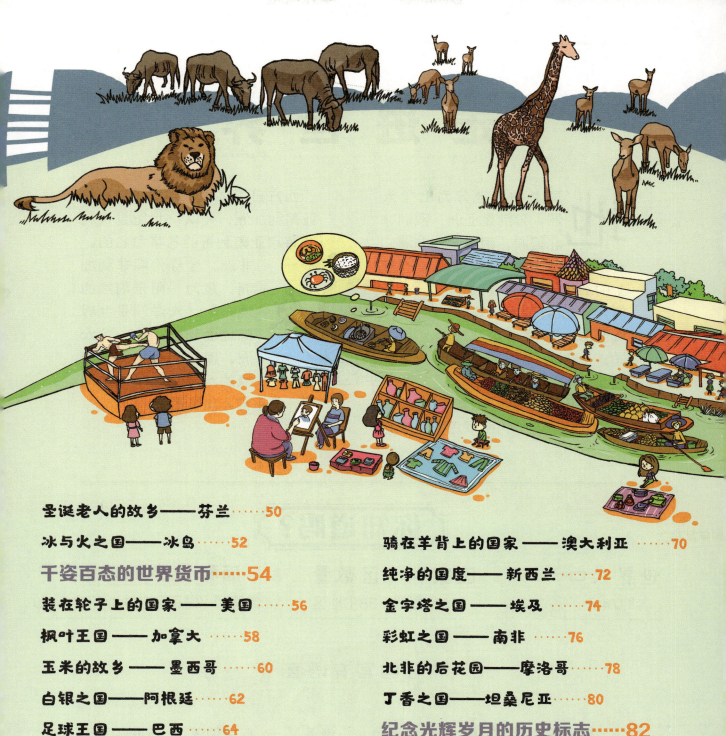

温馨小提醒：跟着书中箭头阅读更轻松哦！

走进世界

地球上的陆地分为七个大洲，分别是亚洲、欧洲、北美洲、南美洲、非洲、大洋洲和南极洲。地球上的海洋也被分成四个部分，分别是太平洋、大西洋、印度洋和北冰洋。亚洲是面积最大、人口最多的洲。全称亚细亚洲，意为"太阳升起的地方"。欧洲全称为欧罗巴洲，意为"西方日落之地"。美洲全称为亚美利加洲，是以15世纪意大利航海家亚美利哥的名字命名的。

非洲，全称为阿非利加洲，意为"阳光灼热的地方"。大洋洲是世界陆地面积最小的一个大洲。南极洲是指围绕南极的大陆，位于地球南端，几乎被冰川覆盖。

你知道吗？

世界人口
约74亿

国家和地区数量
195个国家，38个地区

面积最小的国家
梵蒂冈（总面积约0.44平方千米）

联合国官方语言

| 汉语 | 英语 | 法语 | 俄语 | 阿拉伯语 | 西班牙语 |

哪个国家人口最多？

约13.8亿
约13.4亿
约3.3亿
约2.6亿

1.中国　2.印度　3.美国　4.印度尼西亚

哪个国家的人寿命最长？

1.日本：**84.2岁**

2.瑞士：**83.3岁**

3.西班牙：**83.1岁**

4.法国、新加坡、澳大利亚：**82.9岁**

5.意大利：**82.8岁**

187.莱索托：**52.9岁**

哪个国家的海岸线最长？

1.加拿大：**约20.2万千米**

2.印度尼西亚：**约5.5万千米**

3.格陵兰岛：**约4.4万千米**

4.俄罗斯：**约3.7万千米**

5.菲律宾：**约3.6万千米**

哪个国家最富有？

（2017年人均国内生产总值）

1.卢森堡：**105,803美元**

2.瑞士：**80,591美元**

3.挪威：**74,941美元**

4.爱尔兰：**70,638美元**

5.冰岛：**70,332美元**

开始观看这本书之前，先来测试一下吧！

- **世界上哪三座山最高？**

珠穆朗玛峰，海拔8848.86米；乔戈里峰，海拔8611米；干城章嘉峰，海拔8586米。

- **世界上哪三条河流最长？**

尼罗河，河流全长约6670千米；亚马孙河，河流全长约6440千米；长江，河流全长约6300千米。

- **世界"雨极"在哪？**

位于印度东北部的乞拉朋齐。

你知道世界最冷和世界最干的地方在哪里吗？
快来书中寻找吧！

国家趣事
墨西哥国徽的故事

太阳神托梦给墨西哥人的祖先——阿兹特克人，告诉他们，当见到鹰叼着蛇站在仙人掌上时，就在那个地方定居下来。后来他们果然找到了太阳神所说的地方，并在那里建立了特诺奇提特兰（墨西哥城）。这就是墨西哥人的祖先建国的历史。

我们的家
——中国

○龙

首都：北京
人口：约13.8亿
面积：约960万平方千米

龙是中国十二生肖之一。常出现在中国神话中。

中国的国球。

○兵乓球

○北京故宫

明清两代的皇宫。是中国古代宫廷建筑之精华，以南京故宫为蓝本建造。

秦始皇陵的陪葬坑。兵马俑就是用陶土制成兵马（战车、战马、士兵）形状的殉葬品。

○瓷器

最具代表性的是唐三彩、宋五窑的瓷器、元代景德镇的青花瓷，还有德化的白瓷等。

○兵马俑

中国的美食数不胜数。其中，北京烤鸭和涮羊肉等都是不可错过的美味。

8

○特色美食

●汉服

中国历史上出现过许多精美的服饰，例如汉朝的留仙裙、明朝的月华裙、民国的旗袍等。

●春节

中国传统节日。人们会以放鞭炮、贴春联、拜年、吃团圆饭等多种方式庆祝春节。

○儒家　　○汉字

儒家是孔子所创立学术流派，对中国文化的影响很深。孔子是我国著名的思想家、教育家。

中国文字从上古时期流传下来，沿用至今，有着多种字体，例如小篆、隶书、楷书等。

●大熊猫

中国的国宝。

●长城

世界上修建时间最长、规模最大的古代防御工程。自秦始皇大规模修建之后，有了"万里长城"的称号。

樱花是日本民族和文化的一种象征

樱花之国——日本

首都：东京
人口：约1.3亿
面积：约38万平方千米

●金阁寺

主建筑有三层，第二、三层的外墙用金箔包裹，远远望去，金光闪闪，所以人们都叫它"金阁寺"。

●相扑

五月五日是日本的男孩节。当天，有男孩的家庭会在室外挂鲤鱼旗。

●男孩节

这座红白相间的铁塔是以巴黎埃菲尔铁塔为范本建造的，比埃菲尔铁塔高出几米。

一种类似摔跤的体育活动，是日本的国技。

●东京塔

●浅草寺

东京都内最古老的寺庙。内有五重塔。江户时代，德川家康曾把这里指定为幕府的朝拜场所。

日本传统服饰，受中国隋唐服饰和吴服影响较大。

●和服

12

蓝孔雀是印度国鸟，印度人十分喜爱孔雀

孔雀之国
——印度

首都：新德里
人口：约13.4亿
面积：约298万平方千米

外形像一朵盛开的莲花，由白色大理石建造而成。

● 莲花庙

位于孟买，为纪念维多利亚女皇即位50周年而命名。

● 维多利亚火车站

印度古代藩王的都城。堡内有设计十分独特的镜宫。

● 德里红堡

莫卧儿王朝时期的皇宫。用红褐色砂石建造而成，因此得名红堡。

● 琥珀堡

印度知名度最高的古迹。是莫卧儿皇帝沙贾汗为纪念他心爱的妃子所建的巨大陵寝。

● 泰姬陵

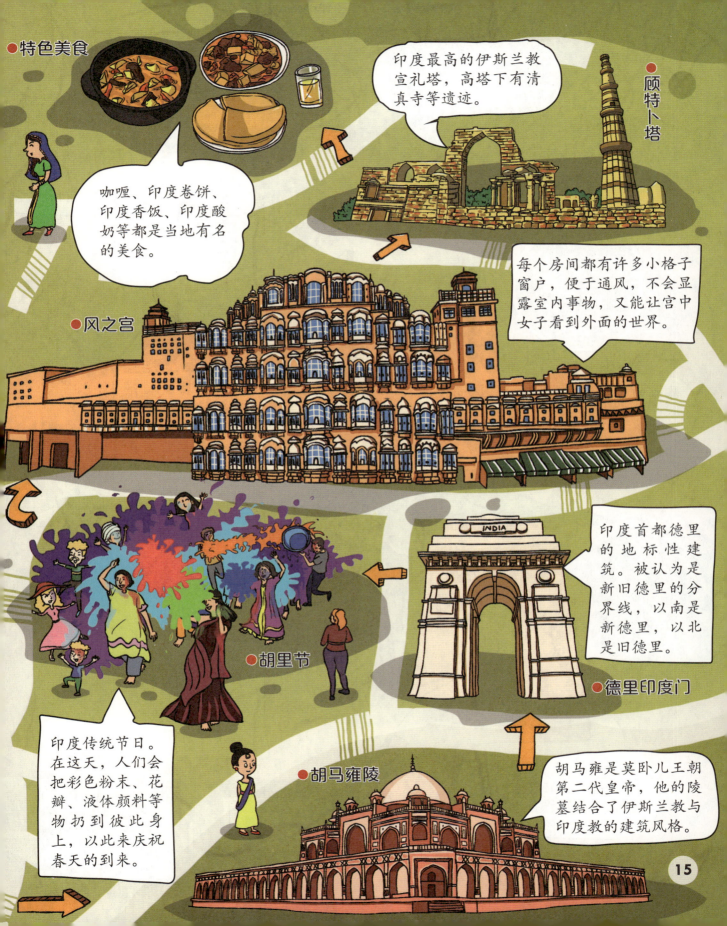

●特色美食

咖喱、印度卷饼、印度香饭、印度酸奶等都是当地有名的美食。

印度最高的伊斯兰教宣礼塔，高塔下有清真寺等遗迹。

●顾特卜塔

每个房间都有许多小格子窗户，便于通风，不会显露室内事物，又能让宫中女子看到外面的世界。

●风之宫

印度首都德里的地标性建筑。被认为是新旧德里的分界线，以南是新德里，以北是旧德里。

●德里印度门

●胡里节

印度传统节日。在这天，人们会把彩色粉末、花瓣、液体颜料等物扔到彼此身上，以此来庆祝春天的到来。

●胡马雍陵

胡马雍是莫卧儿王朝第二代皇帝，他的陵墓结合了伊斯兰教与印度教的建筑风格。

泡菜是韩国饮食文化中必不可少的一道美食

泡菜的国度——韩国

首都：首尔　人口：约5147万
面积：约10万平方千米

●N首尔塔

又叫南山塔、首尔塔，其灯光效果会随着季节和不同的活动发生变化。塔下有著名的爱情锁墙。

●汗蒸

热疗的一种，深受韩国人民的喜爱。

●棒球

韩国举行职业棒球联赛时常会邀请一些明星为比赛开球。

韩国传统服饰，韩国人会在节日或重要场合时穿。女性一般是赤古里上衣加裙子，男性是赤古里上衣加裤子。

●汉拿山

●韩服

韩国人注重仪表，有很多著名的商圈。比如充满异国风情的梨泰院、大型商场云集的明洞和时尚奢华的清潭洞等。

位于济州岛，韩国最高峰。登上山顶还可拿到汉拿山的登顶证书！

●梨泰院

首尔五大宫之一，曾作为古代朝鲜王朝的正宫，建筑风格受中国影响较大。

●景福宫

泡菜是最具代表性的韩国美食。参鸡汤、炒年糕、紫菜包饭、石锅拌饭和烧酒都是他们的特色美味。

●特色美食

●李舜臣雕像

세종대왕

世宗大王对韩国文化有着卓越的贡献，李舜臣是韩国历史上著名的海军将领。

●世宗大王雕像

●长鼓舞

坐落着几百间历史悠久的传统韩屋，目前仍有很多居民居住。

韩国传统舞蹈，轻盈柔美，动作流畅。边跳边敲的表演形式是其一大特色。

●北村韩屋村

17

国旗上有驱走黑暗、迎来光明的星星和月亮

星月之国——
土耳其

●大巴扎

首都：安卡拉
人口：约8075万
面积：约79万平方千米

一种集市，会售卖土耳其的挂毯、围巾、银器、茶具等物品。这种贸易方式在土耳其有上千年的历史。

●凯末尔

遍地是温泉的山丘，因外形像铺满棉花的城堡，所以叫棉花堡。来这里泡温泉的人很多，山顶还有古代浴场等遗迹。

●棉花堡

土耳其国父。他带领土耳其人赢得独立战争的胜利，结束了奥斯曼帝国600多年的统治。后来他成了土耳其的第一任总统。

原为宗教礼仪，现演变为一种艺术表演形式。跳舞者会长时间不停地旋转。

又叫蓝色清真寺，是奥斯曼帝国时期的建筑，位于伊斯坦布尔。六座宣礼塔象征着伊斯兰教的六大信仰。

●托钵僧舞蹈

●苏丹艾哈迈德清真寺

●土耳其浴

●特色美食

土耳其的美食很多，著名的有土耳其烤肉、土耳其饺子、果仁蜜饼等。红茶则是土耳其人最爱的饮品。

土耳其人很重视身体的清洁，修建了许多浴场。沐浴时可享受到配合现代技术的古老手法，并在古建筑里感受土耳其悠久的历史。

●托普卡帕宫

●圣索菲亚大教堂

土耳其横跨亚欧大陆，作为古代皇宫的托普卡帕宫位于欧洲地带，是20多位君主的寝宫。现为展览帝国时代文物的博物馆。

比蓝色清真寺早建一千多年，内部的马赛克镶嵌画、大理石柱和华丽的吊灯等都充满了拜占庭帝国时期的气息。

以壮观的卡帕多西亚的奇石林著称。赫梯人曾在此凿洞而居。很多人会选择在这里展开热气球之旅。

●格雷梅国家公园

沙漠中的国家，却拥有许多缤纷繁华的城市

沙漠中的花朵
——阿联酋

首都：阿布扎比
人口：约940万
面积：约8万平方千米

●阿拉伯塔酒店

阿联酋由七个酋长国组成，全称为"阿拉伯联合酋长国"。总统会从七个首领——酋长中选举。阿联酋王室会将狮子、鹰和豹等当成宠物来养。

迪拜的代表性建筑，又叫迪拜帆船酒店，是世界上第一家七星级酒店。

●酋长、王室宠物

●市场

迪拜的市场充满了阿拉伯风情，会售卖阿拉伯的鞋子、用作调味品和熏香的香料、黄金匕首和阿拉丁神灯等物品。

曾作为皇宫，是迪拜现存最古老的建筑。馆内展品展示了阿联酋的珍珠捕捞业、石油业和阿拉伯人的生活等场景。

世界最高建筑，原名迪拜塔。2009年濒临破产无法修建时，阿布扎比的酋长哈利法伸出了援手，因此改名为哈利法塔。

●哈利法塔

●迪拜博物馆

在很多阿拉伯国家能看到它的身影。其果实椰枣被誉为"沙漠面包"，是阿拉伯民族早期赖以生存的食物。

●枣椰树

●特色美食

位于首都阿布扎比，为纪念阿联酋第一位总统而建。由多国设计师设计，是阿联酋最大的清真寺。它还拥有世界上最大的波斯地毯。

在阿联酋能吃到藏红花煎饼、骆驼奶冰淇淋、薄饼上加烤肉的沙瓦玛等美食，还能喝到年代悠久的阿拉伯咖啡。

●谢赫扎伊德清真寺

世界上唯一的八星级酒店，被认为"是为国王而打造的"。典型的阿拉伯皇宫式建筑，远看像座金碧辉煌的城堡。

●阿布扎比皇宫酒店

骆驼与阿拉伯人密切相关。阿联酋的骆驼节常举办挤骆驼奶、骆驼赛跑、骆驼舞蹈和骆驼选美等众多民俗活动。

●扎法尔骆驼节

21

诸神之国——柬埔寨

首都：金边
人口：约1601万
面积：约18万平方千米

柬埔寨的国宝，典型的高棉式建筑。有很多僧侣在此修行。它也被印在了柬埔寨的国旗上。墙上雕刻了大量的仙女、神话、历史故事等浮雕。

●吴哥窟

●搅拌乳海

寺内的四面佛雕像为典型的高棉人的面容。佛像面带安详的微笑，即著名的"高棉的微笑"。

●巴戎寺

吴哥壁画中常见搅拌乳海的故事，讲述了两拨神灵为取得长生不老的甘露，一起用蛇神的身体搅拌乳海数百年，最终海上成功升起甘露的神话。

东南亚最大的淡水湖。水上有很多浮村，村民主要以打鱼为生。

●洞里萨湖

●金边皇宫

柬埔寨现任国王居住在此，宫殿内有展现印度神话的壁画。

●女王宫

供奉湿婆神的圣庙，有几千年的历史。山形墙上的浮雕讲述了以湿婆为主的神话故事。它是以吴哥特有的红砂岩建成的。

●崩密列

崩密列的词意为"荷花池"。它是柬埔寨第一座完全用砂石建造的庙宇，至今未修完。

●特色美食

阿莫克鱼

酸汤　　　米粉

古代吴哥王朝的国王献给其母亲的神庙。巨大的古树和这座寺庙相互缠绕，共同生长着。

●塔布笼寺

23

古老的世界七大奇迹

古埃及最高大的金字塔，属于古埃及第四王朝的法老胡夫。由十万多名工匠在约20年的时间中，用230万块石块砌成。它是七大奇迹中唯一保存至今的。

● 埃及胡夫金字塔

希腊神话中月亮女神阿尔忒弥斯的神庙，位于土耳其的爱奥尼亚海滨。它体现了当时建筑的最高水准。历经多次重建，最终于公元401年被摧毁。

位于埃及亚历山大港附近的法罗斯岛上，是埃及国王托勒密二世下令修建的。据记载，灯塔白天用镜子反射光的方式引导船只，晚上则用火光。在两次地震中严重受损，于1480年被彻底摧毁。

● 阿尔忒弥斯神庙

● 亚历山大灯塔

● 巴比伦空中花园

传说由巴比伦王国的尼布甲尼撒二世为自己的妃子所建，建于公元前6世纪左右。园中种满了来自异国他乡的奇花异草，远看犹如悬在半空中，所以得名空中花园。考古学家至今未能找到它的遗迹。

24

位于哈利卡纳索斯（今土耳其博德鲁姆），顶部是四匹马拉着的一架古代战车。雕塑全部由当时著名的雕刻家所制。后于地震中受到损害，又被新统治者拆毁用于建造新城堡。现只剩下一些残垣断壁。

● 摩索拉斯陵墓

希腊神话中太阳神赫利俄斯的青铜铸像，位于希腊罗德市通往地中海的港口处。巨像脚踩两岸，手举火炬作为灯塔，昼夜不熄地为过往的船只导航。后被毁于公元前226年的大地震中。

● 罗德岛太阳神巨像

坐落于希腊奥林匹亚的宙斯神殿内。神像高约13米，是当时最大的室内雕像。运用象牙、黄金及各种宝石打造而成。神庙采用了多立克柱式建筑风格。石柱在多次地震中被震垮，神像毁于城市暴乱。

● 奥林匹亚宙斯巨像

剑桥大学

英国历史最悠久的大学之一。牛顿和谢灵顿都曾在这里任教。

英国是现代足球发源地，球星很多。

足球

双层巴士

英国女王就居住在这里。

双层巴士是英国的特色交通工具。乘坐红色双层巴士可以在上层车厢观赏风景。

白金汉宫

在白金汉宫前有头戴熊皮帽的皇家卫兵。

首都：伦敦
人口：约6602万
面积：约24万平方千米

天气多变的国家 ——英国

英国气候温和，可天气变化无常。在英国出行时一定要准备好雨具。

伦敦的象征，横跨泰晤士河。

●伦敦塔桥

现名伊丽莎白塔。有近100米高，是英国议会大厦的一部分。

●大本钟

Restaurant　Restaurant

炸土豆条

威士忌

炸鱼

●特色美食

伦敦的地标之一，是一座为庆祝新千年而建的观景摩天轮。

●伦敦眼

27

●卢浮宫

一座典型的哥特式风格教堂，位于巴黎市中心。

原是法国王宫，居住过50位法国国王。现在是卢浮宫博物馆，藏有约40万件艺术品，包括《蒙娜丽莎》。

the Hunchback of Notre Dame

世界五大宫殿之一。是法国总统会见或宴请各国元首和外交使者的地方，可供参观。

●巴黎圣母院

●凡尔赛宫

在巴黎车展上可看到这样的老爷车。

restaurant

●特色美食

法国菜是世界著名菜系之一。较出名的美食有法式蜗牛、鹅肝、鱼子酱等。葡萄酒和甜点也是餐桌上必不可少的。

黑格尔、马克思、贝多芬、巴赫等人都诞生于此

音乐和哲学之家
——德国

首都：柏林　人口：约8270万
面积：约36万平方千米

● 法兰克福老歌剧院

德国重要的文化艺术中心。每年这里都会举行数百场音乐会。

● 无忧宫

由普鲁士国王腓特烈二世亲自设计。

联邦议会所在地。玻璃的圆形穹顶很有特色。

● 啤酒节、特色美食

● 国会大厦

歌德的《少年维特之烦恼》和《浮士德》两大经典名作都诞生在这里。

● 歌德故居

啤酒节源于德国。在节日这天，除了喝啤酒，人们还会吃烤猪肉、香肠、马铃薯泥等食物。

● 赛车运动

德国人的赛车运动在世界上较为领先。车王舒马赫就来自德国,他曾创造了F1的许多项纪录。

● 柏林大教堂

柏林最大的教堂。地上建筑有4层,地下为王室陵墓。登上教堂顶楼,几乎可以看到整个柏林。

由柏林老博物馆、新博物馆、国家美术馆、博德博物馆和佩加蒙博物馆组成,是世界文化遗产。

● 博物馆岛

● 德国牧羊犬

它们很聪明,还可用作警犬、搜救犬等。

柏林的标志性建筑。最初是柏林城的一道城门,因通往勃兰登堡而得名。

● 勃兰登堡门

31

拥有时尚的都市和时尚的文化

首都：罗马
人口：约6055万
面积：约30万平方千米

时尚的国度
——意大利

● 博洛尼亚大学

被誉为"欧洲大学之母"。但丁、哥白尼等都曾在这里学习或任教。

独特的罗马式建筑风格。在建造过程中开始发生倾斜，但是百年间斜而不倒。据说伽利略曾在斜塔上做过著名的自由落体实验。

● 斯福尔扎城堡

米兰的重要建筑。许多著名艺术家都参与了它的设计，包括达·芬奇。

● 比萨斜塔

欧洲著名的足球俱乐部AC米兰和国际米兰都在意大利。

有"世界美术最高学府"之称。米开朗基罗的《大卫》雕像就藏身在此。

● 佛罗伦萨美术学院

● 足球俱乐部

原是政府办公楼，现在成了一个有趣的艺术博物馆。

● 威尼斯总督府

威尼斯最高的建筑物。登上楼顶可以欣赏到美丽的阿尔卑斯山，身后为圣马可大教堂。

● 圣马可钟楼

● 特莱维喷泉

据说背对着喷泉从肩上投出一枚硬币，如果投进水中就能梦想成真。慈善机构会定期来收集池中的硬币。

意大利面和比萨都很受欢迎。同时，也不要忘记尝尝卡布奇诺和意式浓缩咖啡。

● 万神殿

一个巨大的圆柱体建筑，没有窗户，光只能从顶部的圆形大洞射进来。拉斐尔等著名艺术家就葬于此。

● 特色美食

● 罗马斗兽场

外观像一座庞大的碉堡，约有19层现代楼房那么高，曾是角斗士和野兽搏斗的表演场地。

33

● 小孩堤防

梵·高的许多作品都保存于此，例如《吃土豆的人》《向日葵》等。《向日葵》常被人们选为临摹的对象。

游客可以骑自行车欣赏19座风车的美景，也可以进入风车内部参观古老的炊事用具、挂毯等。

○ 梵·高美术馆

荷兰最大的博物馆。收藏着伦勃朗等画家的作品和各种文物。

● 荷兰国立博物馆

I amsterdam

世界上最大的郁金香公园。郁金香是荷兰的国花。

● 库肯霍夫公园

34

发明了第一座为人类提供动力的风车

风车王国——荷兰

首都：阿姆斯特丹
人口：约1713万
面积：约4万平方千米

●海牙国会大厦与骑士厅

每年的国会开会日，荷兰君主都会乘金马车来此发表王座演说。这里也常举行正式的皇家招待会和国会会议。

用于迎接外国元首来访和举行重大王室活动的场所。

●阿姆斯特丹王宫

荷兰的奶酪、洋葱鲱鱼、豌豆汤和土豆泥都是上等美味。

●特色美食

Cheese

联合国国际法院、国际法图书馆和国际法学院所在地。

●和平宫

斗斗牛、跳跳舞
——西班牙

首都： 马德里
人口： 约4657万
面积： 约51万平方千米

王宫对面的广场上有堂·吉诃德和桑丘·潘沙的雕像。

建于18世纪，藏有5把珍贵的小提琴，由斯特拉迪瓦里家族制作。

○马德里王宫

西班牙天才建筑师安东尼奥·高迪的代表作。前后共建了100多年，迄今还未完全竣工。

○圣家族大教堂

REAL MADRID CF

皇家马德里足球俱乐部的主场，是世界著名球场。

○伯纳乌球场

建于16世纪末，是世界上最大、最美的修道院之一，也是西班牙大多数皇室成员的陵墓。

弗拉门戈舞热情奔放，是西班牙的国粹。

○埃斯科里亚尔皇家修道院

○弗拉门戈舞

航海中的探索者——葡萄牙

首都：里斯本
人口：约1029万
面积：约9万平方千米

曾被用作海关、电报站、灯塔和监狱。在大航海时代，是航海家们的起点。

麦哲伦

● 贝伦塔

● 航海纪念碑

● 四月二十五号大桥

为纪念葡萄牙人民在1974年4月25日革命中的胜利所建。

● 罗卡角

外形像一艘扬帆的船只，位于船头的是亨利王子，船上还有航海家、将军、传教士、科学家等历史人物的雕像。

● 特色美食

这里可以品尝到美味的葡式蛋挞、鳕鱼、三明治和波尔图酒。

这座修道院后来演变为教堂，海员们在出海远航前常会来这里祈祷。

位于欧亚大陆的最西端。山崖上建有一座灯塔和面向大西洋的十字架。

● 热罗尼莫斯修道院

达·伽马

横跨欧亚大陆，是世界上领土面积最大的国家

领土面积最大的国家
——俄罗斯

首都：莫斯科
人口：约1.4亿
面积：约1710万平方千米

莫斯科大马戏团是世界上最早的马戏团之一。

● 马戏团

● 大彼得罗夫大剧院

有8根爱奥尼柱式的圆柱。上演过柴可夫斯基的《天鹅湖》等芭蕾舞名剧。

● 列宁墓

俄罗斯人的正餐通常有牛肉、羊肉、香肠等。性格豪爽的俄罗斯人还非常爱喝伏特加酒。

无产阶级革命导师列宁的墓。由红、黑两色的花岗石和大理石建成。

● 民宅

俄罗斯文学源远流长，出现了普希金、托尔斯泰、契诃夫、高尔基等世界闻名的文学家和作家。普希金广场就是为纪念普希金而建。

俄式传统木屋的屋顶呈"人"字形。俄罗斯冬季降雪丰富，"人"字形的屋顶斜度大，便于积雪滑落。

● 普希金广场

● 芭蕾舞

克里姆林宫最高的建筑。宫内保存了一些优秀的古典建筑。

俄罗斯举行大型庆典、阅兵等活动的地方。

● 红场

为纪念伊凡大帝战胜喀山汗国而建，有着"洋葱头"式的圆顶。

● 特色美食

● 伊凡大帝钟楼

● 瓦西里升天大教堂

一种用音乐、舞蹈手法来表演戏剧情节的古典舞蹈。起源于意大利，19世纪末期，在俄罗斯进入最繁荣的时代。

神话的国度——希腊

首都：雅典　人口：约1076万
面积：约13万平方千米

传说是为了祭祀宙斯而举行的，是奥林匹克运动会的前身。最早正式举办于公元前776年。

●奥林匹亚运动会

●爱琴海

希腊酸奶

烤鱿鱼

属于地中海的一部分，位于希腊与土耳其之间。岛屿众多，海水的蓝色非常深邃。

●特色美食

希腊沙拉

古希腊著名哲学家，和他的学生柏拉图，以及柏拉图的学生亚里士多德并称为"古希腊三贤"，是西方哲学的奠基者。

●苏格拉底

古代修士们为了潜心修行，在卡兰巴卡高耸的岩石山顶上修建了这所修道院。它有"悬在空中的修道院"之称。

●迈泰奥拉修道院

● 狄俄尼索斯露天剧场

位于希腊最大的岛屿——克里特岛。传说它是国王米诺斯为了关住怪物米诺陶洛斯，而请人修建的一座迷宫。后被英雄忒休斯破解。

希腊古老的剧场，最早是向酒神狄俄尼索斯祈祷的地方。剧场依山而建，能容纳万人。现为音乐会和戏剧表演的场所。

● 米诺斯王宫遗址

位于雅典卫城内，为了纪念雅典战胜波斯侵略者的胜利而建。经过两千多年的时间，庙身已严重损坏。

雅典娜

宙斯

波塞冬

阿波罗

阿佛洛狄忒

赫拉

● 神话

● 帕特农神庙

火山形成的岛屿。岛上有很多白色的房屋。其中，最著名的是白墙蓝顶的教堂。

● 圣托里尼岛

几百年的钟表业历史，
拥有众多享誉世界的钟表品牌

钟表王国
——瑞士

首都：伯尔尼　人口：约847万
面积：约4万平方千米

有着"欧洲之巅"的美称，拥有欧洲海拔最高的餐厅、邮局和观光火车。

● 少女峰

● 奶牛

位于日内瓦湖畔，曾被用作军事设施、仓库、牢狱、教堂和王宫等。城堡内还展示着当时使用过的物品。

● 西庸城堡

瑞士美丽的小镇很多，施皮茨是其中之一。它依山傍水，紧靠着阿尔卑斯山区的葡萄园。

据说奶牛吃了野花后，牛奶会变香甜，制成的奶酪风味也会不一样，所以瑞士牧民除草时会留下野花。瑞士的牛铃铛也很有名。

● 施皮茨

●银行

瑞士的银行以安全守信著称。苏黎世是瑞士银行业的代表城市，被称作全欧洲最富有的城市。

●伯尔尼钟楼

位于瑞士首都伯尔尼，建造工艺精湛，还有精彩的玩偶报时秀。瑞士以钟表制造闻名于世，建造了许多钟表工厂与博物馆。

●万国宫

联合国前身——国际联盟的总部所在地，是召开重要国际会议的地方。这里还收藏着许多世界各国赠送的珍贵艺术品。

阿尔卑斯山让瑞士变成了滑雪天堂。瑞士人非常喜爱滑雪，设有上百个滑雪场地。

又名莱芒湖，位于瑞士和法国的边境。它是世界最大的高山堰塞湖。湖中巨大的人工喷泉是日内瓦的标志。

●滑雪

瑞士的奶酪火锅、巧克力和煎土豆饼都是不可错过的美食。

●特色美食

●日内瓦湖

45

诞生了莫扎特、海顿、舒伯特和施特劳斯等著名音乐家

音乐之邦
——奥地利

首都：维也纳
人口：约881万
面积：约8万平方千米

欧洲古典主义音乐作曲家。出生于奥地利，是一位音乐天才，6岁就开始自己的巡回演出。在世30多年间创造了大量的经典作品。

●莫扎特

有炸牛排、维也纳香肠、林茨（奥地利城市名）蛋糕和萨赫（蛋糕师名）蛋糕等。

●特色美食

●霍夫堡皇宫

世界上最著名的歌剧院之一。曾作为皇家宫廷剧院，位于"音乐之都"维也纳。每年会举办上百场演出。

曾是哈布斯堡王朝的冬宫，分为上下两部分。特蕾莎女皇、茜茜公主和约瑟夫一世等著名人物都曾在此居住过。

●维也纳国家歌剧院

● 水仙节

巴特奥塞水仙节是奥地利最大的野外花卉节。人们会穿着传统服饰，在镇上举行花车、花船游行和古典音乐演奏等活动。

20

位于首都维也纳，为哥特式建筑。教堂内有一座皇家墓穴，哈布斯堡王室成员会把自己的心脏保存在这里。

● 圣斯特凡大教堂

● 美景宫

曾是神圣罗马帝国和哈布斯堡王朝家族的皇宫。每年维也纳的爱乐乐团都会在此举行露天音乐会。

维也纳英雄欧根亲王的宫殿，巴洛克风格的建筑。现为奥地利国家美术博物馆，藏有克里姆特等奥地利画家的作品。

● 国花

● 美泉宫

位于奥地利和德国接壤处的小镇，是莫扎特的出生地。山顶上是萨尔茨堡要塞。这里每年都会举办萨尔茨堡音乐节（欧洲古典音乐节之一）。

火绒草，又叫雪绒花，在奥地利代表着勇敢。电影《音乐之声》里出现了以它命名的经典歌曲。

● 萨尔茨堡

47

制作巧克力历史悠久，产生了众多著名的巧克力品牌

巧克力王国
——比利时

首都：布鲁塞尔　人口：约1137万
面积：约3万平方千米

阿道夫·萨克斯于1840年发明的一种乐器。在迪南城中随处可见它的模型。

●萨克斯

为献给哈布斯堡王朝的鲁道夫国王而修建，历时一个多世纪才完成。教堂内保留了许多中世纪的彩绘，里面的玫瑰窗也异常精美。

位于布鲁塞尔，始建于13世纪。教堂得名于布鲁塞尔的庇护神——圣米歇尔和圣女圣古都勒。它是皇室举行婚礼和葬礼的场所。

●圣米歇尔及圣古都勒大教堂

●安特卫普圣母大教堂

比利时规模最大的美术馆，拥有2万多件藏品，始建于19世纪。馆内设有画家鲁本斯的个人专馆。

华夫饼是比利时人发明的甜品，贻贝薯条是其国菜。当然，比利时的巧克力也非常有名。

●皇家美术馆

●特色美食

●鲁汶大学

位于布鲁日的市集广场上，是一座中世纪的钟楼。曾用于收藏珍宝和市政档案，观测火情等，是布鲁日最突出的标志。

●布鲁日钟楼

比利时最大的大学，于1425年建于鲁汶城。政府很多部长都在此兼职任教。此外，比利时规定王位继承人必须获得这所大学的硕士学位。

古代比利时国王的住所。曾被法国人毁坏，于1695年重建，现作为国家的政府机构。王宫内部的装饰，仿照了法国的凡尔赛宫。

●滑铁卢古战场

●布鲁塞尔王宫

位于滑铁卢小镇附近，拿破仑曾兵败于此。尽管拿破仑是当时的侵略者，但出于尊敬，比利时仍在这里为他塑了雕像。

布鲁塞尔举行重要活动的地方。每两年会举办一次"鲜花地毯"活动，使用花卉多达几十万株，被誉为世界最大的人造"鲜花地毯"。

●布鲁塞尔大广场

49

据说圣诞老人就住在芬兰的拉普兰德

圣诞老人的故乡
——芬兰

首都：赫尔辛基　人口：约551万
面积：约34万平方千米

蒸桑拿时，芬兰人喜欢用桦树枝轻抽身体以促进血液循环。桑拿房在游泳池、健身房、船上，甚至缆车上都有。

● 桑拿

● 乌斯别斯基教堂

● 特色美食

芬兰人喜欢用奶油土豆泥和果酱搭配驯鹿肉吃。冬天他们会围着篝火烤肉肠，夏天则会采摘蓝莓做蓝莓派。

圣诞老人有自己的办公室、居所、邮局和驯鹿园。他每年都会收到几十万封信，常常受邀与游客合影。

位于芬兰首都赫尔辛基。它是北欧最大的东正教教堂，拥有十三个金顶，外墙用红砖砌成。

在芬兰漫长的冬季里，芬兰人喜欢玩溜冰、滑雪等运动。赫尔辛基火车站广场上的溜冰场是他们常去之地。

● 圣诞老人村

● 溜冰、滑雪

●极光

●驯鹿雪橇

拉普兰德的四分之三都位于北极圈内，一年中有将近200天可以看见极光。躺在玻璃穹顶小屋温暖的床上就可以欣赏极光。

在芬兰，驯鹿是十分常见的动物。常被驯养成交通运输工具。

赫尔辛基市的地标之一，著名的路德派教堂。建筑以白色为主，又称白教堂。它是芬兰非常受欢迎的举办婚礼或毕业典礼的场所。

●湖泊

●赫尔辛基大教堂

芬兰一半以上的国土面积都被森林覆盖。森林盛产各种浆果和蘑菇，偶尔还有熊出没。

芬兰的湖泊多达十几万个，有"千湖之国"的称号。

●森林

51

贴近北极圈，却拥有世界上最多的温泉

冰与火之国 —— 冰岛

首都：雷克雅未克　人口：约34万
面积：约10万平方千米

● 蓝冰洞

● 哈尔格林姆斯教堂

位于冰岛首都雷克雅未克市中心，为纪念冰岛著名文学家哈尔格林姆斯而命名。外观看上去就像一座巨型管风琴。

● 赫伦瀑布

俗称熔岩瀑布，被誉为"冰岛最美的瀑布"。熔岩瀑布从已经熔化的岩石缝中流出，呈环带状分布。

● 冰岛马、海鹦

冰岛的温泉非常多。蓝湖温泉所在地是地球上地下岩浆活动最频繁的地区之一，底部的白色温泉泥据说还有美颜护肤的功效。

● 蓝湖温泉

在冰川中形成的天然洞穴。每年都会融化后再形成，所以它的形状和位置每年都不一样。洞内犹如美丽的水晶宫殿。

维京人早期曾在冰岛定居，擅长航海。他们骁勇善战，侵略他国的历史长达几百年。

●维京海盗

冰岛酸奶

●特色美食

热狗

冰岛龙虾

冰岛马腿较短，鬃毛很长，性情温顺，深受冰岛人的喜爱。海鹦是冰岛的国鸟，一生大都在海上度过，嘴里常塞满了鱼。

冰岛毛衣是用冰岛羊的羊毛织成。美丽的图案有其特定的花纹。

●哈帕音乐厅和会议中心

设计灵感来自冰岛的玄武岩。外墙由玻璃制成，会根据白天的光线变换颜色。音乐厅内常会有冰岛歌剧等演出。

●冰岛毛衣

湖上常漂浮着形状各异的巨大浮冰，湖对面的黑沙滩上搁浅着一颗颗闪亮的冰石，因此也被称为"钻石沙滩"。

●杰古沙龙湖

千姿百态的世界货币

纸币有50、200、500法郎等面额。50法郎印的是圣·埃克苏佩里和小王子，200法郎为埃菲尔和他设计的埃菲尔铁塔，500法郎为物理学家和化学家居里夫妇。

纸币有5、10、100美元等面额。5美元印的是美国第16任总统林肯的头像，10美元为美国第一任财政部部长汉密尔顿，100美元为政治家、科学家富兰克林。

●法国

●俄罗斯

纸币有50、100、5000卢布等面额。50卢布印的是罗斯特拉灯塔柱旁的雕塑，100卢布印的是大剧院柱廊上的二轮四马车，5000卢布印的是阿穆尔斯基伯爵的纪念碑。

●英国

全套英镑纸币的图案正面都是女王伊丽莎白二世。5英镑背面为首相丘吉尔，10英镑为生物学家达尔文，20英镑为经济学家亚当·斯密。

猜一猜这是哪个国家的货币？

答案：丹麦

纸币有１０００、５０００、１００００日元等面额。１０００日元印的是生物学家野口英世，５０００日元为女性小说家樋（tōng）口一叶，１００００日元为思想家福泽谕吉。

●日本

纸币有１０００、２０００、５０００００里拉等面额。１０００里拉印的是女教育家蒙台梭利，２０００里拉印的是物理学家马可尼，５０００００里拉印的是著名画家拉斐尔。

●意大利

硬币为５、１０、５０、１００克朗等面额，都是海洋生物的图案，分别为海豚、毛鳞鱼、普通滨蟹和圆鳍鱼。

●冰岛

纸币有２０００、５０００、１００００先令等面额。２０００先令正面印的是狮子，５０００先令印的是犀牛，１００００先令印的是大象。

●坦桑尼亚

人民币正面统一印有毛主席头像。1元纸币的背面为西湖的三潭印月，5元为泰山，10元为长江三峡，20元为桂林山水，50元为布达拉宫，100元为人民大会堂。

●中国

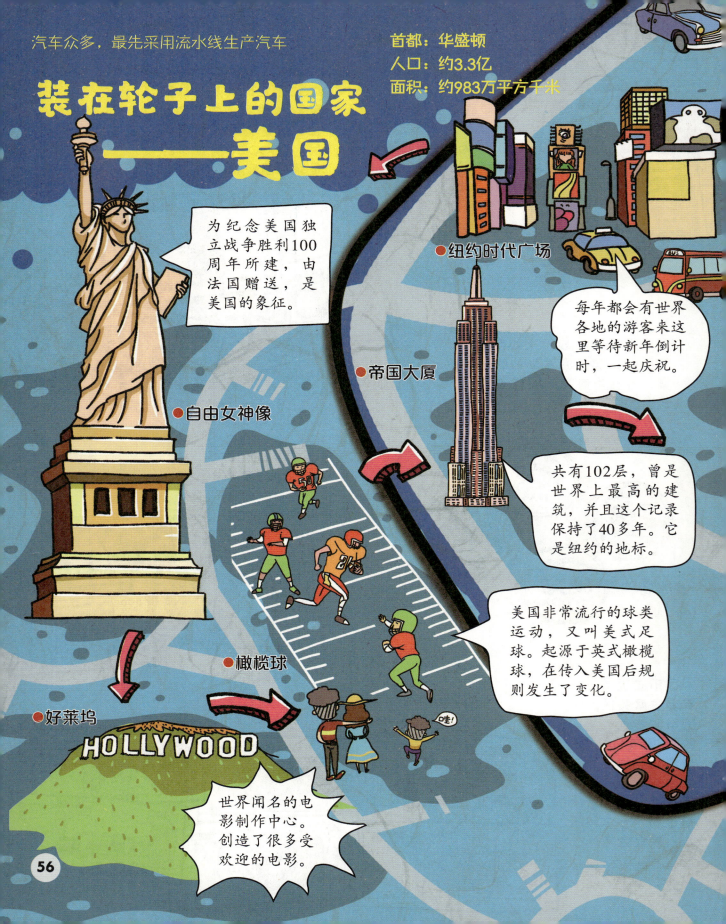

●哈佛大学

世界著名大学。该校走出过8位美国总统和上百位诺贝尔奖获得者。除此之外，美国还有很多有名的大学。

美元是美国的货币，在世界上流通范围也较广。国际间的贸易常用它来结算。

●美元

人们会在圣诞节庆祝耶稣的诞生，用圣诞灯和彩色装饰物装饰圣诞树，并享用火鸡、圣诞布丁、烤熟的玉米粥等食物。

●纽约中央公园

世界上最大的城市公园之一。人们喜欢在这里滑冰、骑车、玩滑板，或休息、吃午餐。美国人的午餐常以三明治、汉堡和热狗等为主。

●圣诞节、特色美食

美国国会办公的地方，位于国会山上。美国第一任总统华盛顿曾亲自为它举行奠基仪式。

●国会大厦

57

●锡格纳尔山

站在山上可俯瞰圣约翰斯全景。

在枫糖节期间，加拿大人会用糖枫树的树汁熬制成香甜的枫糖浆，并制作太妃糖等食物。

●枫糖节

温哥华的地标，1986年世博会的加拿大馆。整栋建筑以五块玻璃纤维制成的白帆作为外墙，十分醒目。

●加拿大广场

加拿大北部生活着许多因纽特人，他们住在雪屋里。雪屋里储藏着面粉、茶叶、肉类等食物。

FLOUR

●雪屋

●河狸

河狸是加拿大的国宝。它们模样可爱，常在夜间活动，白天很少出来，善于游泳和潜水，胆子很小。它们会搭巢，还会筑坝。

加拿大人非常喜爱枫叶，国旗上有枫叶，连国树也是枫树

枫叶王国
——加拿大

首都：渥太华　人口：约3671万
面积：约998万平方千米

●白求恩故居

中国人民的朋友白求恩大夫的诞生地。

加拿大的经典美食有蒙特利尔的熏肉、肉汁奶酪薯条、枫糖煎三文鱼等。

●冰球

Restaurant

●特色美食

加拿大的国球，深受加拿大人的喜爱。

由三栋哥特式建筑组成，分中央区、东区与西区，是加拿大政府所在地。

●国会大厦

●国家电视塔

多伦多的地标，是整个加拿大的骄傲。

世界三大跨国瀑布之一。位于加拿大安大略省和美国纽约州交界处。

●尼亚加拉瀑布

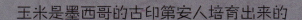
玉米是墨西哥的古印第安人培育出来的

玉米的故乡
——墨西哥

首都：墨西哥城　人口：约1.3亿
面积：约196万平方千米

总统办公的地方，位于宪法广场东侧。里面有墨西哥著名画家迭戈·里维拉创作的巨幅历史壁画。

●国家宫

在墨西哥和美洲都非常有名的天主教堂。融合多种建筑风格，修建了200多年才完工。

●墨西哥大教堂

墨西哥第二高峰，世界上最活跃的火山之一。

●特奥蒂瓦坎古城

波波卡特佩特火山

印第安文明的重要遗迹。大多数建筑都矗立在亡灵大道两侧，主要代表为太阳金字塔和月亮金字塔。

●图伦遗址

墨西哥保存较好的一座玛雅文化古城遗址，紧靠着加勒比海。

白银之国
——阿根廷

首都：布宜诺斯艾利斯
人口：约4427万
面积：约278万平方千米

南美最大、最豪华的书店。前身是为阿根廷女王所建的皇家剧院。被改成书店后，剧院原有的包厢、装饰、舞台幕布等均保存完好。

剧院内金碧辉煌，世界上很多著名的艺术家和艺术团都曾来此表演。剧院还藏有4万多双不同时代人穿过的靴鞋。

● 科隆大剧院

● 雅典人书店

门多萨有阿根廷最好的葡萄园。每年举办葡萄酒节时到处都是狂欢的人群，选出的葡萄女王会向人群抛撒葡萄。

● 糖果盒足球场

阿根廷博卡青年队主球场，因外形酷似糖果盒而得名。在阿根廷，足球是最被看重的体育项目，马拉多纳、梅西等著名球员都出自这里。

● 门多萨葡萄酒节

一种双人舞蹈。活泼奔放，节奏感极强。阿根廷的探戈发源于首都布宜诺斯艾利斯，被阿根廷人视为国粹。

● 探戈

世界最南端的城市，被称为"世界的尽头"。它有世界尽头的灯塔、火车站和邮局，是通往南极洲的重要门户。

● 乌斯怀亚

每天向前推进30厘米，是世上少有的活冰川。在夏天，能看见冰川上巨大的冰块掉入阿根廷湖中的场景。

● 莫雷诺冰川

● 特色美食

阿根廷人非常喜欢吃本国的烤肉、南部海域的红虾和外形像大饺子的肉卷馅饼，也爱喝营养健康的马黛茶。

位于首都的五月广场内，因外墙为粉红色而得名。1816年阿根廷摆脱西班牙殖民统治独立建国后，这里成了举办重大政治活动的场所。

● 玫瑰宫

巴西人热爱足球，在"世界杯"中常能见到他们的身影

足球王国
——巴西

首都：巴西利亚
人口：约2.1亿
面积：约852万平方千米

宫殿最外面由玻璃幕墙组成，也被称为"高原宫"。

举行过1950年世界杯决赛和2016年里约热内卢奥运会的开幕式、闭幕式。

●巴西利亚电视塔

●马拉卡纳球场

有224米高，在塔顶可以看到整个巴西利亚的风景。

●特色美食

巴西队是世界上唯一一支获得过5次世界杯冠军的球队。

巴西烤肉是以牛肉、香肠等为原料制作成的烧烤类美食，豆子炖肉是巴西的家常菜。巴西是世界最大的咖啡生产国和出口国。

位于巴西与阿根廷的交界处。瀑布大部分都在阿根廷境内，但从巴西境内观赏更为壮观。

●伊瓜苏大瀑布

由16根抛物线状支柱支撑起穹顶，建筑风格十分独特。

远看像一双筷子和两只碗。"两只碗"是参议院和众议院，"一双筷子"是办公大楼。

●巴西利亚大教堂

●巴西议会大厦

呈新月形，是世界著名的白沙滩。从海滩上可以远眺基督山。

山上矗立着一座巨型基督像，是为了纪念巴西独立100周年而建造的。

●科帕卡巴纳海滩

●基督山

狂欢节是巴西最大的节日。人们会穿着奇装异服参加桑巴舞游行。

●狂欢节

65

世界上最狭长的国家，
地处美洲大陆最南端，与南极洲隔海相望

海角之国
——智利

一部分生活在智利南部。喜欢佩戴独特的头饰鹰羽冠，以狩猎为生。崇尚万物有灵的图腾信仰。

● 印第安人

首都：圣地亚哥
人口：约1805万
面积：约76万平方千米

● 阿塔卡玛沙漠

有馅料美味的玉米派，被诗人聂鲁达歌颂过的鳗鱼杂烩汤。因气候独特，这里的葡萄酒也别有风味。

● 特色美食

世界上最干燥的地区之一，被称为世界"干极"。经常几十年不下雨，偶尔会发生厄尔尼诺现象带来一场大雨，使沙漠变成"花海"。

● 圣地亚哥武器广场

以巨大的摩艾雕像著称，这些神秘的石雕像几乎遍布全岛，每座都有几十吨重。

● 复活节岛

●聂鲁达

智利当代著名诗人。13岁开始发表诗作，1971年获得诺贝尔文学奖。

●安第斯山脉

是世界上最长的山脉。素有"南美洲脊梁"之称，是智利与阿根廷的国界线。

一种濒危动物。生性羞涩，通常不发出声音，偶尔会发出呼噜声。夏天住在海拔高的地方，冬天会迁到森林河谷。

●马驼鹿

园内有美丽的湖泊和雪山，生活着火烈鸟、羊驼和狐狸等野生动物。公园内还有一家探险酒店。

位于智利首都圣地亚哥。广场上有大教堂、国家邮政局、历史博物馆和圣地亚哥市政厅等。

67

●百内国家公园

物种宝库——亚马孙热带雨林

●鵎鵼（tuǒ kōng）

嘴巨大，所以又叫巨嘴鸟。

●藤蛇

颜色以绿色为主。

●金刚鹦鹉

体形最大的鹦鹉。

●蜜熊

可以用尾巴倒挂在树上。

全球最大、物种最多的热带雨林，被誉为"地球之肺"。数不清的植物在这里交错生长，各种各样的动物昼夜交替出没。快来亚马孙热带雨林探险吧！

●切叶蚁

切下植物的叶子，用来种植真菌作为食物。

●食蚁兽

会扒开蚁穴，用长舌把蚂蚁送入口中。

●吼猴

遇到敌人或争夺领地时，会发出巨大吼声。

●美洲角雕

体形巨大，主要以吼猴、浣熊、树懒等动物为食。

有的只有人类的指腹那么大，但毒性很强。

●箭毒蛙

喜欢待在树上。

●三趾树懒

由于人们毁林造田、砍伐树木用于修路、建房等行为，亚马孙热带雨林的面积正以惊人的速度减少。如果不保护它，不仅许多动植物会失去家园，全球的气候也可能会受到影响。

●松鼠猴

可以发出26种叫声。

●闪蝶

有些会闪耀出蓝色、绿色或紫色的金属光泽。

力气非常大，能拖着一头牛上树。

●美洲豹

穿着"盔甲"，全身可以蜷缩成球形。

●犰狳(qiú yú)

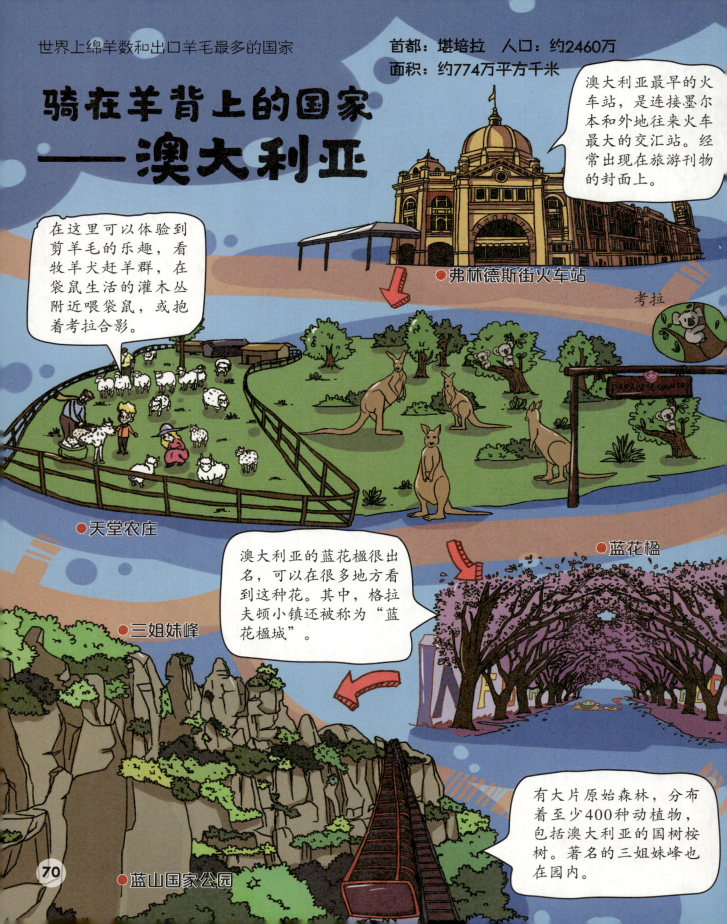

纯净的国度
——新西兰

首都：惠林顿　人口：约479万
面积：约27万平方千米

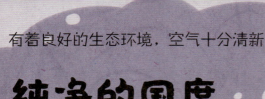

● 怀托摩萤火虫洞

也被称为"萤火虫洞"或"怀托摩洞"。洞里的萤火虫数不胜数。

● 毛利人

新西兰的原住民。他们身上有民族特色的文身，喜欢跳毛利战舞。他们对待客人的最高礼遇是鼻吻，即鼻尖相触。

新西兰最高的建筑物，高达300多米。在观景台上可看到奥克兰市的全景。

● 天空塔

被南阿尔卑斯山包围的美丽小镇，是户外运动者的天堂，盛行跳伞、蹦极、滑翔伞、雪上摩托车等活动。

● 奥马鲁

奥马鲁海港是小蓝企鹅的聚居地，经常会有小蓝企鹅排着队回家。

● 皇后镇

新西兰最大的观光农场。能看到红鹿、火鸡、鸵鸟、羊驼、乳牛、小绵羊等动物，可亲手给它们喂食。

●爱歌顿农场

又被称为"姜饼屋"。站内主色调为鹅黄色，曾是新西兰最大、最忙碌的火车站。

牛奶

●特色美食

奇异果

杭伊

三文鱼料理

达尼丁火车站

运用现代科技手段再现南极的日常生活与历史场景。

南半球最大的博物馆之一。收藏有毛利人独特的民族工艺品、农具等。

●基督城国际南极中心

●新西兰国家博物馆

●特色美食

埃及艳后克利奥帕特拉七世是古埃及托勒密王朝的最后一任女法老。

●埃及艳后　恺撒大帝

烤鸽子 烤肉串 塔米亚

小麦、棉花、甜萝卜、甘蔗、玉米、豌豆、洋葱等是埃及主要农作物，产地大都分布在尼罗河沿岸。

●纸莎草

●木乃伊

古埃及人相信人死后灵魂不灭，所以法老王或大臣死后，尸体会被保留下来做成木乃伊。

古埃及的纸是用纸莎草的茎做成的，即莎草纸，它在干燥环境下可千年不腐。

古埃及规模最大的神庙。神庙内有上百根巨型石柱。

●阿布辛贝神庙

由古埃及的长寿法老拉美西斯二世所建。每年只有在他的生日和登基日，阳光才能照射到神庙内他的雕像上。

●卡纳克神庙

75

南非人希望不同种族的人可以在这里和平共处

首都：茨瓦内、开普敦、布隆方丹
人口：约5672万
面积：约122万平方千米

彩虹之国
——南非

● 曼德拉广场

曼德拉是反对种族隔离运动的领袖，被称为"南非国父"。

● 桌山

为纪念早期冒险进入南非的人们所建。

山顶的平地就像一个巨大的桌面，被誉为"上帝的餐桌"。

位于俯瞰全城的小山上。巨型的圆顶钟塔很有欧式建筑的特色。

● 市政厅

● 先民纪念馆

南非最大的野生动物园。可以看到大象、犀牛、斑马、鳄鱼、狮子等动物，有很多高大的猴面包树。

76

● 克鲁格国家公园

南非曾是世界最大的黄金生产国和出口国，也是主要的钻石生产国之一。

南非规模最大的综合艺术剧院。世界著名男高音歌唱家帕瓦罗蒂曾在此演出。

●南非国家剧院

●金伯利大洞

在南非可以吃到美味的鸵鸟肉、烤肉、三脚铁锅炖菜和烤杖鱼。

●特色美食

好望角是一个细长的岩石岬角，位于非洲西南端。好望角南面有一座灯塔，也就是现在的观景台。

●好望角

有非洲特有的斑嘴环企鹅。它们个头较小，眼圈呈粉红色，胸前带有黑环及黑色小斑点。

●南非企鹅生态保护区

77

阿特拉斯山阻挡了撒哈拉沙漠的热浪，使得摩洛哥气候宜人

北非的后花园
——摩洛哥

首都：拉巴特
人口：约3574万
面积：约45万平方千米

位于历史名城卡萨布兰卡。由摩洛哥国王哈桑二世提议修建，三分之一建在海上。摩洛哥风格的马赛克遍布整个建筑。

●哈桑二世清真寺

画家马约尔耗尽毕生精力所建。种满了竹子、睡莲、热带植物等，仅仙人掌就有100多种，园内还摆放着五颜六色的阿拉伯陶罐。

人们会直接跳进染缸，然后把牛羊皮等材料泡进去，用传统工艺把它们制成各种颜色的皮革。

●马约尔花园

摩洛哥西北部的一座城镇，居民大都把自家的门、阶梯和墙壁涂成蓝色，走入小镇仿佛进入了蓝色的童话世界。

●菲斯皮革染坊

●舍夫沙万

● 特色美食

塔吉锅是摩洛哥的国菜，薄荷茶是摩洛哥的国饮。源于北非的库斯库斯和配上各种酱料的饼是摩洛哥的传统美食。

建于859年，是世界上最古老的大学，同时也是一所清真寺，拥有大量珍贵的伊斯兰教古籍。

● 卡鲁因大学

摩洛哥柏柏尔人的村庄。建在山坡上，曾被用作防御堡垒。整个村庄全部用红土建造，驴子是这里的主要运输工具。

● 山羊

摩洛哥的山羊会爬到阿甘树上吃阿甘果。因为它们爱吃的食物大都长在树上，催生了它们上树找食物的本领。

● 阿伊特本哈杜村

● 玫瑰节

世界上最大的沙漠。形成于几百万年前，位于摩洛哥北部。气候炎热干燥，是地球上最不适合生物居住的地方之一。

每年的五六月份都会在阿特拉斯山脉中的玫瑰谷举行。当地的柏柏尔人会跳起热情的舞蹈，数不清的商贩到这里来贩卖玫瑰。

● 撒哈拉沙漠

丁香之国——坦桑尼亚

首都：多多马
人口：约5731万
面积：约95万平方千米

位于坦桑尼亚东北部，是非洲最高峰。它是一座火山，山顶却终年积雪。它的火山土壤为坦桑尼亚的咖啡树提供了优质的生长环境。

●乞力马扎罗山

甜甜的米面烙饼，用稠密的玉米糊做的乌咖喱，还有风味绝佳的乞力马扎罗咖啡都是坦桑尼亚不可错过的美食。

非洲最大的野生动物保护区和国家公园。东非野生动物大迁徙的壮观景象每年都吸引着众多游客。

●塞伦盖蒂国家公园

●特色美食

●纳特龙湖

位于世界大陆最大的断裂带——东非大裂谷的东部。有许多火烈鸟栖息在这一带的水域中。

早期欧洲探险家在东非的重要港口，基尔瓦商人曾在此进行金银、瓷器等贸易活动。遗址的墙壁由珊瑚和石灰石建成。

丁香是坦桑尼亚的国花，剑麻是一种纤维植物。两者都是坦桑尼亚重要的出口产品。

●基尔瓦基斯瓦尼遗址和松戈马拉遗址

坦桑尼亚是古人类的发源地之一。岩画记录了孔多阿人从采猎走向农牧的轨迹，也向世人展现了一种古老的石刻文化。

●丁香、剑麻

●孔多阿岩画遗址

●马赛人

居住在坦桑尼亚北部，一直保留着古老的游牧传统，有很强的跳高能力。房屋大多用泥土砌成。

81

纪念光辉岁月的历史标志

●土耳其·特洛伊木马

位于土耳其。传说希腊士兵十年都未攻下特洛伊，于是假装撤退，留下一座巨大的木马。在特洛伊人将木马拖入城后，藏在木马腹中的希腊士兵趁机攻下了特洛伊。今土耳其人在特洛伊遗址处仿制了一匹巨大的木马作为纪念，木马的腹中可容纳多人。

二战期间，这头叙利亚棕熊被编入自由波兰部队第二兵团炮兵第22炮兵运补连。英国许多地方都建有它的雕像。因力气大它负责搬运炮弹等物资，从未摔落过搬运的炮弹。战争结束后它在英国的爱丁堡动物园安享晚年。

●英国·抱炮弹的熊

圣卢西亚山据说是智利最早有人类居住的地方，是土著人的家乡。它也是著名风景区，为了纪念土著人，圣地亚哥在这里建有土著人雕像。

●西班牙·熊抱树

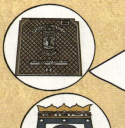

马德里的地标和市徽，位于太阳门广场。以前马德里有很多果树，常有熊出没。市政府拥有地区的林木和狩猎权后，便用熊抱树作为马德里的徽章。井盖和广场上常能见到这个图像。

●智利·土著人雕像

●比利时·小于连

比利时布鲁塞尔的市标，号称是"布鲁塞尔第一公民"。传说小于连半夜用尿浇灭了敌人炸药的导火线，为了纪念他，比利时人为它立像。许多国家会送衣服给它，在重要场合，比利时人还会为它穿上这些衣服。

龙子狻猊（suān ní）在古籍中是形似狮子的猛兽，后来狮子随着佛教传入中国，它就演变为镇守宅院的石像造型。中国许多建筑物的门前都会摆放石狮子，爪子压着小狮子的是母狮，压着绣球的是公狮。说到我国石狮子最多的地方，非卢沟桥莫属了。

●中国·石狮子

●埃及·猫木乃伊

古埃及人视猫为神的化身。家里的猫寿终正寝了，主人还要剃掉眉毛。埃及人在猫死后，会把猫做成木乃伊。埃及的博物馆里至今还保存着许多猫木乃伊。埃及的王子也曾将自己心爱的宠物猫制成猫木乃伊，埋在他的棺材旁。

位于丹麦首都哥本哈根的长堤公园。已成为哥本哈根的标志。

●丹麦·小美人鱼铜像

冰雪大陆——南极洲

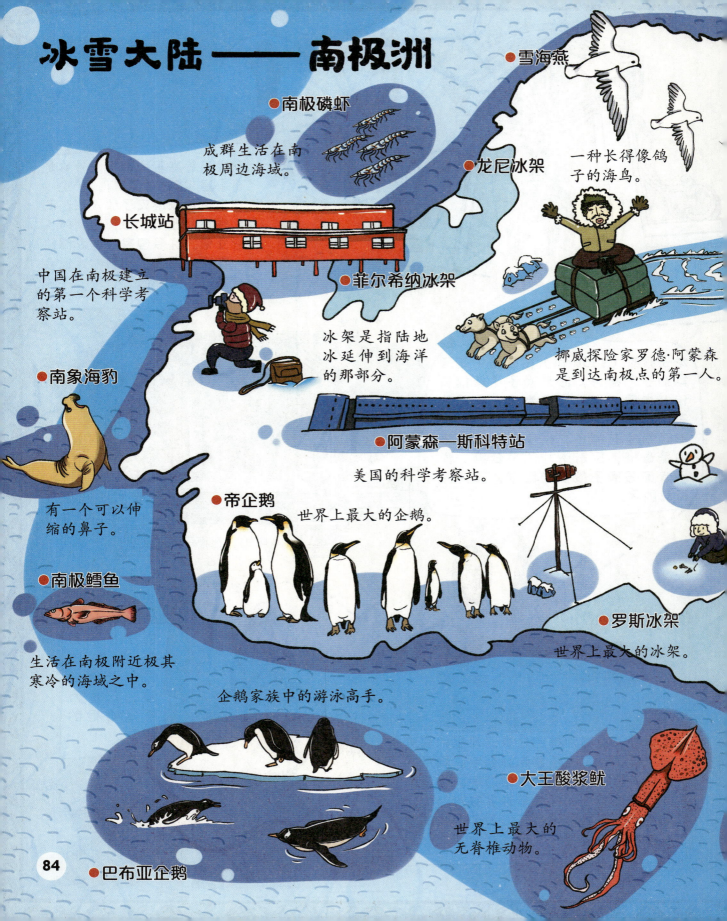

南极磷虾
成群生活在南极周边海域。

雪海燕
一种长得像鸽子的海鸟。

龙尼冰架

长城站
中国在南极建立的第一个科学考察站。

菲尔希纳冰架
冰架是指陆地冰延伸到海洋的那部分。

挪威探险家罗德·阿蒙森是到达南极点的第一人。

南象海豹
有一个可以伸缩的鼻子。

阿蒙森—斯科特站
美国的科学考察站。

帝企鹅
世界上最大的企鹅。

南极鳕鱼
生活在南极附近极其寒冷的海域之中。

罗斯冰架
世界上最大的冰架。

企鹅家族中的游泳高手。

大王酸浆鱿
世界上最大的无脊椎动物。

84

巴布亚企鹅

●蓝鲸

地球上现存体形最大的动物。

中国第二个南极考察站，以孙中山先生的名字命名。

●中山站

●虎鲸

海上霸王。

中国第三个南极考察站。

●鳄冰鱼

血液是透明的。

●昆仑站

●东方站

属于俄罗斯，位于南极磁点附近，世界"冷极"。

●豹形海豹

身上带有斑点。

南极最常见的企鹅。

●阿德利企鹅

●罗斯海豹

小脑袋，大眼睛。

85

想换一种语言来认识我吗？

中国 —— China

泰国 —— Thailand

日本 —— Japan

韩国 —— South Korea

印度 —— India

土耳其 —— Turkey

阿联酋 —— The United Arab Emirates

柬埔寨 —— Cambodia

英国 —— Britain

法国 —— France

德国 —— Germany

意大利 —— Italy

荷兰 —— Netherlands

西班牙 —— Spain

葡萄牙 —— Portugal

俄罗斯 —— Russia

希腊 —— Greece

瑞士 —— Switzerland

奥地利 —— Austria

比利时 —— Belgium

芬兰 —— Finland

冰岛 —— Iceland

美国 —— America

加拿大 —— Canada

墨西哥 —— Mexico

阿根廷 —— Argentina

巴西 —— Brazil

智利 —— Chile

澳大利亚 —— Australia

新西兰 —— New Zealand

埃及 —— Egypt

南非 —— South Africa

摩洛哥 —— Morocco

坦桑尼亚 —— Tanzania

未来，还有更多未知的地方，在等待着你……

※本页资料来源：《牛津高阶英汉双解词典》。

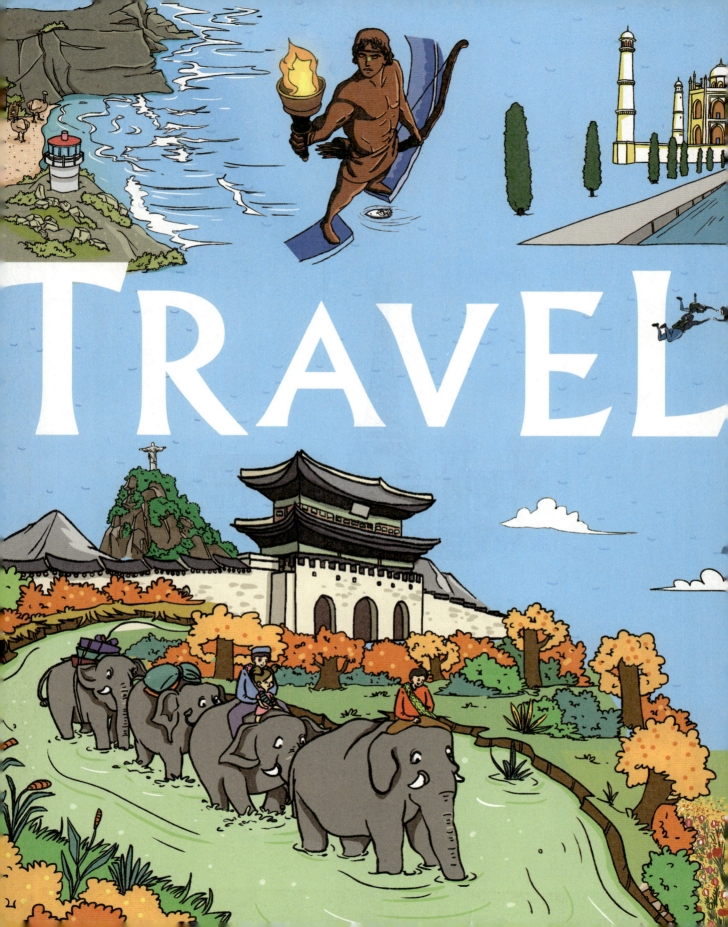